Mrs. Lirripers Vermächtnis

Charles Dickens

Writat

Diese Ausgabe erschien im Jahr 2024

ISBN: 9789359941349

Herausgegeben von
Writat
E-Mail: info@writat.com

Inhalt

KAPITEL I
FRAU LIRRIPER ERZÄHLT, WIE SIE WEITERGEHT UND HINÜBERGANG

Ah! Es ist angenehm, in meinen eigenen Sessel zu sinken, mein Lieber, auch wenn ich ein wenig Herzklopfen bekomme, was beim Traben die Treppe hinauf und was beim Traben nach unten, und warum Küchentreppen alle Ecktreppen sein sollten, müssen die Bauherren rechtfertigen, obwohl ich nicht glaube, dass sie das vollständig tun Ich verstehe ihr Handwerk und habe es nie getan, warum sonst das Gleiche und warum nicht mehr Annehmlichkeiten und weniger Zugluft und auch die Gewohnheit, den Putz zu dick aufzutragen, davon bin ich überzeugt, der die Feuchtigkeit hält, und was die Schornsteine betrifft, die sie auftragen Raten Sie wie Hüte auf einer Party und wissen Sie genauso wenig wie ich, welche Wirkung sie auf den Rauch haben werden, wenn ja, außer dass es meistens darum geht, ihn entweder direkt in die Kehle zu schicken oder ihm einen zu geben drehen, bevor es dorthin geht. Und was ich sage, wenn ich von diesen neuen Metallschornsteinen in allen möglichen Formen spreche (es gibt eine Reihe davon in Miss Wozenhams Unterkunft weiter unten auf der anderen Seite des Weges), ist, dass sie Ihrem Rauch nur künstliche Muster verleihen für dich, bevor du es schluckst, und dass ich lieber meins pur schlucken würde, der Geschmack ist derselbe, ganz zu schweigen von der Einbildung, Schilder auf dem Dach deines Hauses anzubringen, um die Formen zu zeigen, in die du deinen Rauch nimmst Dein Inneres.

Hier vor deinen Augen zu sein, meine Liebe, in meinem eigenen Sessel in meinem eigenen ruhigen Zimmer in meiner eigenen Herberge Nummer 81 Norfolk Street Strand London, auf halbem Weg zwischen der City und St. James's – wenn überhaupt etwas dort ist, wo es einmal war Diese Hotels nennen sich „Limited", werden aber von Major Jackman „Unlimited" genannt und erheben sich überall und erheben sich zu Fahnenmasten, wo sie nicht höher gehen können. Aber meine Meinung zu diesen Monstern ist es, mir das gesunde Gesicht eines Vermieters oder einer Vermieterin zu geben, wenn ich von einer Reise zurückkomme und nicht eine Messingplatte, aus der eine elektrifizierte Nummer herausklickt, die nicht in der Natur liegt. Ich kann mich nicht freuen, mich zu sehen, und zu der ich nicht wie Melasse an den Docks gehievt und dort zurückgelassen werden möchte, um bei den genialsten Dingen um Hilfe zu telegrafieren Instrumente, aber völlig vergeblich – da ich hier bin, mein Lieber, habe ich keine Gelegenheit zu erwähnen, dass ich immer noch in den Unterkünften bin, in der Hoffnung, dort zu sterben, und wenn es mit dem Klerus einverstanden ist, teilweise in Saint Clement's Danes gelesen und auf dem Kirchhof von Hatfield abgeschlossen Als ich wieder einmal bei meinem armen Lirriper lag , Asche zu Asche und Staub zu Staub.

genauso ein fester Bestandteil der Salons ist wie das Dach des Hauses, und dass Jemmy der beste und klügste aller Jungen ist und ihn jemals verschwiegen hat die grausame Geschichte seiner armen, hübschen jungen Mutter, Mrs. Edson, die im zweiten Stock verlassen wurde und in meinen Armen starb, in dem festen Glauben, dass ich seine geborene Großmutter und er eine Waise sei, obwohl er mit der Technik zu kämpfen hatte, da er eine Vorliebe für sie und ihn fand Und wie der Major Lokomotiven aus zerbrochenen Sonnenschirmen, Eisentöpfen und Watterollen herstellt, und dass sie völlig aus der Bahn geraten, über den Tisch fallen und die Passagiere fast genauso verletzen wie die Originale, das ist wirklich ganz wunderbar. Und wenn ich zum Major sage: „Major, können Sie uns nicht auf *irgendeine* Weise mit dem Wachmann in Verbindung setzen?" Der Major sagt ziemlich verärgert: „Nein, Madam, das darf nicht gemacht werden", und als ich frage: „Warum nicht?" Der Major sagt: „Das ist zwischen uns, die wir uns für die Eisenbahn interessieren, Madam, und unserem Freund, dem ehrenwerten Vizepräsidenten des Handelsausschusses." Und wenn Sie mir glauben, meine Liebe, hat der Major an Jemmy in der Schule geschrieben, um ihn zu befragen Auf die Antwort hätte ich antworten sollen, bevor ich auch nur dieses Maß an Unbefriedigung aus dem Mann herausbekommen konnte, denn als wir zum ersten Mal mit dem kleinen Modell und den funktionierenden Signalen begannen, waren sie schön und perfekt (sie waren im Allgemeinen genauso falsch wie die Realität) und wenn ich lachend sage: „Welche Position soll ich in diesem Unternehmen einnehmen, meine Herren?" Jemmy umarmt mich um den Hals und sagt tanzend zu mir: „Du sollst die öffentliche Oma sein", und folglich belasten sie mich, so viel sie wollen, und ich sitze knurrend in meinem Sessel.

Mein Lieber, ob es so ist, dass ein erwachsener Mann, der so klug ist wie der Major, nicht die Hälfte seines Herzens und Geistes für irgendetwas – nicht einmal für ein Spielzeug – einsetzen kann, sondern sich ernsthaft damit befassen muss, ob es so ist oder ob es nicht so ist, das tue ich Ich wage es nicht zu sagen, aber Jemmy wird von der ernsthaften und gläubigen Art des Majors in der Leitung der United Grand Junction Lirriper und Jackman Great Norfolk Parlour Line bei weitem übertroffen . „Für", sagt mein Jemmy mit den funkelnden Augen, als es so war getauft: „Wir müssen einen ganzen Schluck Namen haben, Oma oder unser liebes altes Publikum", und da küsste mich der junge Schurke, „wird nicht stolpern." Also nahm die Öffentlichkeit die Anteile – zehn zu neun Pence, und sofort, als das ausgegeben war, zwölf Preference zu einem und sechs Pence – und sie waren alle von Jemmy unterzeichnet und vom Major gegengezeichnet, und unter uns waren sie ihr Geld viel besser wert als einige meiner Anteile in meiner

Zeit bezahlt. An den gleichen Feiertagen wurde die Strecke gebaut und in Betrieb genommen und in Betrieb genommen und verkehrte, es kam zu Zusammenstößen und zum Bersten der Kessel und zu allen möglichen Unfällen und Verstößen, alles sehr regelmäßig, korrekt und hübsch. Das Verantwortungsbewusstsein, das der Major als Bahnhofsvorsteher im militärischen Stil hegt, mein Lieber, der den Zug hinter der Zeit startet und eine dieser kleinen Glocken läutet, die man mit den kleinen Kohlenkäfigen kauft, die man auf dem Tablett um den Hals des Mannes auf der Straße kauft tat ihm die Ehre , aber er bemerkte den Major eines Abends, als er Jemmy in der Schule seinen monatlichen Bericht über den Zustand des rollenden Materials und des Permanent Way und all dem Rest schrieb (das Ganze wurde auf der Anrichte des Majors aufbewahrt und abgestaubt). Ich bemerke, dass er jeden Morgen mit seinen eigenen Händen arbeitet, bevor er seine Stiefel lackiert.) Ich bemerke, dass er so nachdenklich und fürsorglich ist, wie man nur sein kann, und dass er auf ängstliche Weise die Stirn runzelt, aber in der Tat macht der Major keine halben Sachen, was seine große Freude daran bezeugt, mit Jemmy auf Vermessungsfahrt zu gehen wenn er Jemmy dabei hat, der eine Kette und ein Maßband trägt und durch die Westminster Abbey fährt und fest davon überzeugt ist, dass die Straßen durch einen Parlamentsbeschluss alles auf den Kopf stellen werden. Wie bitte, wird der Himmel kommen, wenn Jemmy diesen Beruf ergreift!

Wenn ich meinen armen Lirriper erwähne , kommt mir sein jüngster Bruder, der Doktor, in den Sinn, allerdings ein Doktor dessen, was ich sicher schwer sagen würde, außer Alkohol, denn weder Physik noch Musik noch Jura kennt Joshua Lirriper auch nur ein bisschen, es sei denn, er wird ständig dazu gerufen Er wurde vor dem Bezirksgericht festgenommen und hatte Befehle erhalten, vor denen er weglief. Einmal wurde er im Flur dieses Hauses mit hochgezogenem Regenschirm und dem Hut des Majors auf dem Kopf festgenommen und gab seinen Namen mit der Fußmatte um ihn herum als Sir Johnson Jones an , KCB mit Brille bei den Horse Guards. Bei dieser Gelegenheit war er keine Minute zuvor ins Haus gekommen, nachdem das Mädchen ihn auf die Matte gelassen hatte, als er ein Stück Papier einschickte, das eher wie ein Kerzenanzünder als wie eine Notiz verdreht war und mir die Wahl zwischen dreißig bot Schilling in der Hand und sein Gehirn auf dem Gelände markiert sofort und wartet auf eine Antwort. Mein Lieber, der Gedanke an die Gehirne meines armen lieben Lirriper aus Fleisch und Blut, die auf dem neuen Wachstuch umherflogen, obwohl er einer solchen Hilfe nicht würdig war, versetzte mich so in Angst und Schrecken, dass ich hier aus meinem Zimmer ging, um ihn zu fragen, was er mitnehmen würde ein für alle Mal, es nicht lebenslang zu tun, als ich ihn in der Obhut zweier Herren fand, die ich, wenn sie nicht das Gesetz verkündet hätten, für Federbettenhändler gehalten hätte, so flauschig war ihr persönliches Erscheinungsbild. „Bringen Sie Ihre Ketten mit, Herr", sagt Joshua zum

Kleinsten der beiden mit dem größten Hut, „nieten Sie meine Fesseln an!" Stellen Sie sich meine Gefühle vor, als ich mir vorstellte , wie er in Fesseln die Norfolk Street entlanglief und Miss Wozenham aus dem Fenster schaute! „Meine Herren", sage ich zitternd und bereit zu fallen, „bitte bringen Sie ihn in die Gemächer von Major Jackman." Also brachten sie ihn in die Salons , und als der Major seinen eigenen Hut mit der lockigen Krempe bei ihm erspäht, den Joshua Lirriper im Flur für eine militärische Verkleidung vom Haken gerissen hatte, gerät er in eine so heftige Leidenschaft, dass er ihn vom Kopf streift mit der Hand und stößt es mit dem Fuß an die Decke, wo es lange danach weidete. „Major", sage ich, „seien Sie cool und raten Sie mir, was ich mit Joshua, meinem toten und verstorbenen jüngsten Bruder von Lirriper, machen soll." „Madam", sagt der Major, „mein Rat ist, dass Sie ihn in einer Pulvermühle unterbringen und ihm ein stattliches Trinkgeld für den Besitzer geben, wenn er explodiert." „Major", sage ich, „als Christ können Sie Ihre Worte nicht ernst meinen." „Madam", sagt der Major, „bei Gott, das tue ich!" Und in der Tat hatte der Major, abgesehen davon, dass er bei all seinen Verdiensten ein für seine Größe sehr leidenschaftlicher Mann war, eine schlechte Meinung von Josua wegen früherer Probleme, selbst wenn die Freiheiten, die er sich bei seiner Kleidung genommen hatte, unbeachtet blieben. Als Joshua Lirriper dieses Gespräch zwischen uns hört , dreht er sich zu dem Kleinsten mit dem größten Hut um und sagt: „Kommen Sie, Sir! Bring mich in mein abscheuliches Verlies. Wo ist mein schimmeliger Strohhalm?" Meine Liebe, als ich das Bild sah, wie er in meinem Kopf auftauchte und fast vollständig mit Vorhängeschlössern bekleidet war, wie Baron Trenck in Jemmys Buch, war ich so überwältigt, dass ich in Tränen ausbrach und zum Major sagte: „Major, nehmen Sie meine Schlüssel und vereinbaren Sie mit diesen Herren oder mir." Ich werde nie wieder eine glückliche Minute erleben", was vorher und nachher mehrmals geschehen ist, aber dennoch muss ich mich daran erinnern, dass Joshua Lirriper seine guten Gefühle hat und sie darin zum Ausdruck bringt, dass er immer so beunruhigt ist, wenn er die Trauer um seinen Bruder nicht ertragen kann . Viele lange Jahre habe ich die Trauer meiner Witwe aufgegeben, ohne mich einmischen zu wollen, aber der empfindliche Punkt bei Joshua, dem ich ein wenig nachgeben muss, ist, wenn er schreibt: „Ein einziger Herrscher würde es mir ermöglichen, einen anständigen Traueranzug zu tragen." mein geliebter Bruder. Ich habe zum Zeitpunkt seines bedauernswerten Todes geschworen, dass ich in Erinnerung an ihn jemals einen Zobel tragen würde, aber leider ist der Mensch so kurzsichtig. Wie kann er dieses Gelübde einhalten, wenn er mittellos ist!" Es spricht für die Stärke seiner Gefühle, dass er noch keine sieben Jahre alt gewesen sein konnte , als mein armer Lirriper starb, und dass er sich seitdem daran gehalten hat, ist äußerst lobenswert. Aber wir wissen, dass in uns allen etwas Gutes steckt – wenn wir nur wüssten, wo es in einigen von uns ist – und obwohl es für Joshua alles andere als heikel war, die Gefühle des lieben Kindes zu verarbeiten, als es zum ersten Mal zur Schule geschickt wurde, und es in Lincolnshire niederzuschreiben Ich habe ihm sein Taschengeld per Post zurückgeschickt und es bekommen, trotzdem ist er der jüngste Bruder meines armen Lirripers und hätte vielleicht nicht die Absicht gehabt, seine Rechnung im Salisbury Arms nicht zu bezahlen, als ihn seine Zuneigung dazu veranlasste, vierzehn Tage auf dem Kirchhof von Hatfield zu bleiben und Hätte vielleicht vorgehabt, nüchtern zu bleiben, aber in schlechter Gesellschaft. Wenn also der Major ihn mit der Gartenmaschine angegriffen *hätte, die er ohne mein Wissen privat in sein Zimmer gebracht hatte, wäre es meiner Meinung nach zu einem Wortwechsel zwischen dem Major und mir gekommen, so sehr ich es auch bedauert hätte.* Deshalb, mein Lieber, obwohl er Mr. Buffle aus Versehen angespielt hat, weil sein Kopf heiß war, und obwohl es unten bei Wozenham vielleicht falsch dargestellt wurde, dass er nicht bereit für Mr. Buffle war , bin ich in anderer Hinsicht, da er der Steuerveranlagte ist, immer noch nicht der Meinung Ich bereue es sehr, wie ich es vielleicht auch sollte. Und ob es Joshua Lirriper im Leben noch gut gehen wird, kann ich nicht sagen, aber ich habe von seinem Kommen gehört, als er in der Rolle eines Banditen in einem Privattheater auftrat, ohne danach irgendwelche Angebote von den regulären Managern zu erhalten.

Die Erwähnung von Herrn Baffle liefert ein Beispiel dafür, dass es Gutes in Menschen gibt, von denen nichts Gutes erwartet wird, denn es lässt sich nicht leugnen, dass die Manieren von Herrn Buffle bei der Ausübung seines Geschäfts nicht angenehm waren. Einsammeln ist eine Sache, und so zu wirken, als wäre man misstrauisch, wenn man bedenkt, dass die Waren mitten in der Nacht durch eine Hintertür nach und nach entfernt werden, ist eine andere. Über die Besteuerung hat man keine Kontrolle, aber der Verdacht ist freiwillig. Man muss auch immer Rücksicht darauf nehmen, dass ein Gentleman von der Herzlichkeit des Majors es nicht genießt, mit einem Stift im Mund angesprochen zu werden, und obwohl ich nicht weiß, dass es für meine eigenen Gefühle schädlicher ist, einen Hut mit niedriger Krone und breiter Krempe zu tragen Die Krempe, die in Türen getragen wird, ist besser als bei jedem anderen Hut. Dennoch kann ich die des Majors schätzen, außerdem ist der Major, ohne Bosheit oder Rache zu hegen, ein Mann, der Rückstände anhäuft, wie es seine Gewohnheit immer bei Joshua Lirriper war . Also, mein Lieber, lauerte der Major endlich auf Mr. Buffle , und das machte mir große Sorgen. Eines Tages klopft Mr. Buffle zweimal heftig, und der Major springt zur Tür. „Der Steuereintreiber hat zwei Viertel der veranlagten Steuern gefordert", sagt Herr Buffle . „Sie sind bereit für ihn", sagt der Major und bringt ihn hierher. Aber unterwegs schaut sich Mr. Buffle in seiner üblichen misstrauischen Art um, und der Major feuert ihn an und fragt ihn: „Sehen Sie einen Geist, Sir?" „Nein, Sir", sagt Mr. Buffle . „Weil ich Sie schon einmal bemerkt habe", sagt der Major, „offenbar auf der Suche nach einem Gespenst unter dem Dach meines geschätzten Freundes." Wenn Sie diesen übernatürlichen Agenten finden, weisen Sie ihn bitte darauf hin, Sir." Mr. Buffle starrt den Major an und nickt mir dann zu. "Frau. „Lirriper, Sir", sagt der Major, geht in vollen Zügen und stellt mich mit seiner Hand vor. „Es ist mir eine Freude, sie kennenzulernen", sagt Mr. Buffle . „Ein – hm! – Jemmy Jackman, Sir!" sagt der Major und stellt sich vor. „ Es ist mir eine Ehre , Sie vom Sehen zu kennen", sagt Mr. Buffle . „ Jemmy Jackman, Sir", sagt der Major und wackelt in einer Art hartnäckiger Wut seitwärts mit dem Kopf, „präsentiert Ihnen seine geschätzte Freundin, die Dame Emma Lirriper aus Eighty-one Norfolk Street Strand London in der Grafschaft Middlesex im Vereinigten Königreich von Großbritannien." Großbritannien und Irland. „Bei dieser Gelegenheit, Sir", sagt der Major, „ nimmt Jemmy Jackman Ihren Hut ab." Mr. Buffle blickt auf seinen Hut, den der Major auf den Boden fallen lässt, hebt ihn auf und setzt ihn wieder auf. „Sir", sagt der Major sehr rot und sieht ihm direkt ins Gesicht, „es sind zwei Viertel der Galanteriesteuern fällig und der Steuereintreiber hat angerufen." Daraufhin, wenn Sie meinen Worten glauben können, mein Lieber, zieht der Major wieder Mr. Buffles Hut. „Das –" Mr. Buffle beginnt sehr wütend mit seinem Stift im Mund, als der immer dampfender werdende Major sagt: „Ziehen Sie Ihre Meinung raus, Sir! Oder bei dem ganzen höllischen Steuersystem dieses Landes und jeder einzelnen Figur in der Staatsverschuldung, ich werde mich auf deinen Rücken setzen und dich wie ein Pferd reiten!" Ich bin davon überzeugt, dass er es auch getan hätte, und er hätte sogar seine hübschen kleinen Beine sprungbereit gemacht, so wie es war. „Das", sagt Mr. Buffle ohne seinen Stift, „ist eine Körperverletzung, und ich habe das Gesetz gegen Sie." „Sir", antwortet der Major, „wenn Sie ein ehrenhafter Mann sind , kann Ihr Eintreiber von allem, was auf der ehrenwerten Beurteilung zusteht, indem er sich an Major Jackman in den Parlors Mrs. Lirriper's Lodgings wendet, jederzeit das erhalten, was er will, in voller Höhe." "

Buffle mit diesen bedeutungsvollen Worten böse anstarrte, meine Liebe , schnappte ich buchstäblich nach einem Teelöffel Salvolatil in einem Weinglas Wasser und sagte: „Bitte, lasst es nicht weitergehen, meine Herren, ich bitte und flehe Sie an!" Aber man konnte den Major dazu bringen, nichts anderes zu tun, als zu schnauben, lange nachdem Mr. Buffle weg war, und die Wirkung hatte es auf meine ganze Blutmasse, als sich der Major am nächsten Tag von Mr. Buffles Runden aufmunterte und ein summte Wenn er mit einem von seinem Hut fast verdeckten Auge die Straße auf und ab geht, gibt es in Johnsons Wörterbuch keine nennenswerten Ausdrücke. Aber ich schloss sicher die Straßentür vor dem Glas und ging mit meinem Schal hinter die Jalousien des Majors, und in dem Moment, in dem ich die Gefahr sah, entschloss ich mich, kreischend herauszustürmen, bis meine Stimme versagte, und den Major um den Hals zu packen, bis meine Kräfte nachließen und alle Parteien binden. Ich war noch keine Viertelstunde hinter den

Jalousien, als ich Mr. Buffle mit seinen Sammelbüchern in der Hand auf mich zukommen sah. Der Major sah ihn ebenfalls kommen, summte lauter und näherte sich. Sie trafen sich vor dem Geländer von Airy. Der Major nimmt auf Armeslänge seinen Hut ab und sagt: „Mr. Buffle, glaube ich?" Mr. Buffle nimmt auf Armeslänge *seinen Hut ab und sagt: „Das ist mein Name, Sir.*"Sagt der Major: „Haben Sie irgendwelche Befehle für mich, Mr. Buffle ?" Sagt Mr. Buffle : „Nicht jeder, Sir." Dann, meine Lieben, verneigten sich beide sehr tief und hochmütig und trennten sich, und wann immer Mr. Buffle in Zukunft seine Runden machte, trafen er und der Major sich immer und verneigten sich vor dem luftigen Geländer, was mich stark an Hamlet und den anderen Herrn erinnerte Ich trauerte, bevor ich mich gegenseitig tötete, obwohl ich mir gewünscht hätte, dass der andere Herr es fairer und, wenn auch weniger höflich, kein Gift getan hätte.

Mr. Buffles Familie war in dieser Nachbarschaft nicht beliebt , denn wenn Sie ein Hausbesitzer sind, meine Liebe, werden Sie feststellen, dass es nicht von Natur aus ist, die Assessed zu mögen, und außerdem wurde davon ausgegangen, dass ein einspänniger Pheyton nicht hätte erhöht werden dürfen Mrs. Buffle erreichte diese Höhe, vor allem, als sie von den Steuern entwendet wurde, was ich selbst für gemeinnützig hielt. Aber man mochte sie *nicht* , und in der Familie herrschte häusliches Unglück, weil sie wegen Miss Buffle sehr hart zu Miss Buffle und untereinander waren Sie begünstigte Mr. Buffles gebildeten jungen Herrn und sagte, dass geflüstert *wurde* , dass Miss Buffle entweder in eine Schwindsucht oder in ein Kloster gehen würde, da sie so dünn und hungrig sei und zwei kurzrasierte Herren mit weißen Bändern um den Hals jedes Mal um die Ecke spähten Sie ging in Westen aus, die schwarzen Schürzen ähnelten. So standen die Dinge für Mr. Buffle , als ich eines Nachts von einem schrecklichen Lärm und Brandgeruch geweckt wurde und als ich an mein Schlafzimmerfenster ging, die ganze Straße in Glühen erblickte. Zum Glück hatten wir gerade zwei Garnituren leer, und bevor ich mich beeilen konnte, ein paar Klamotten anzuziehen, hörte ich den Major an die Dachbodentüren hämmern und rufen: „Zieht euch an! – Feuer! Keine Angst! – Feuer! Sammeln Sie Ihre Geistesgegenwart ! – Feuer! Alles klar – Feuer!" am gewaltigsten . Als ich meine Schlafzimmertür öffnete, stolperte der Major über sich und mich und fing mich in seinen Armen auf. „Major", sage ich atemlos, „wo ist es?" „Ich weiß es nicht, liebste Frau", sagt der Major – „ Feuer!" Jemmy Jackman wird dich bis zum letzten Tropfen seines Blutes verteidigen – Feuer! Wenn der liebe Junge zu Hause wäre, was wäre das für ein Vergnügen für ihn – Feuer!" und insgesamt sehr gefasst und mutig, außer dass er keinen einzigen Satz sagen konnte, ohne mich mit tosendem Feuer bis ins Innerste zu erschüttern. Wir rannten ins Wohnzimmer und steckten unsere Köpfe aus dem Fenster, und der Major ruft einem gefühllosen jungen Affen zu, der freudig und bereit zur Spaltung vorbeihuschte: „Wo ist es? – Feuer!" Der Affe antwortet ohne aufzuhören:

„Oh, das ist doch ein Witz! Der alte Buffle hat sein Haus angezündet, um zu verhindern, dass ans Licht kommt, dass er die Steuern bezahlt hat. Hurra! Feuer!" Und dann flogen die Funken auf und der Rauch strömte herab und das Knistern der Flammen und das Spritzen von Wasser und das Knallen von Motoren und das Hacken von Äxten und das Zerbrechen von Glas und das Klopfen an Türen und das Geschrei und Weinen und die Eile und die Hitze und alles andere verursachte bei mir schreckliches Herzklopfen. „Erschrecken Sie nicht, meine Dame", sagt der Major, „- Feuer! Es gibt keinen Grund zur Beunruhigung – Feuer! Öffne die Straßentür nicht, bis ich zurückkomme – Feuer! Ich werde mal nachsehen, ob ich von Nutzen sein kann – Feuer! Du bist ziemlich gelassen und bequem, nicht wahr? Du? – Feuer, Feuer, Feuer!" Es war vergeblich für mich, den Mann festzuhalten und ihm zu sagen, dass er von den Motoren zu Tode galoppiert – zu Tode gepumpt durch seine Überanstrengung – nasse Füße zu Tode durch den Matsch und das Durcheinander – zu Tode plattgedrückt werden würde, wenn die Dächer zerfielen fiel hinein – seine Stimmung war bester und er rannte mit aller Kraft, die er hatte und nichts übrig hatte, hinter dem jungen Affen her, und ich und die Mädchen drängten uns zusammen an den Wohnzimmerfenstern und blickten auf die schrecklichen Flammen über den Häusern auf der anderen Seite. Mr. Buffle steht vor der Tür. Was sollten wir jetzt sehen, außer ein paar Leute, die die Straße entlang direkt zu unserer Tür rennen, und dann der Major, der auf geschäftige Weise die Geschäfte leitet, und dann noch ein paar Leute und dann – getragen in einem Stuhl, der Guy Fawkes ähnelt – Mr. Buffel in einer Decke!

Mein lieber Major, Mr. Buffle hat unsere Stufen heraufgebracht, ist in den Salon geeilt und auf dem Sofa hinausgekarrt , und dann sind er und alle anderen ohne ein Wort wieder mit voller Geschwindigkeit davongestürmt und haben den Eindruck einer Vision hinterlassen außer Mr. Buffle, der schrecklich in seiner Decke lag und die Augen verdrehte. Im Handumdrehen stürmten sie alle wieder zurück, mit Frau Buffle in einer anderen Decke, die hereinstürmte und hinausgeschleppt wurde, auf dem Sofa brachen sie alle wieder aus und alle stürmten wieder zurück mit Miss Buffle in einer anderen Decke, die wieder hereinstürmte und sie herauskarrte Alle brachen wieder auf und alle platzten wieder zurück, mit Mr. Buffles elegantem jungen Herrn in einer anderen Decke – er hielt zwei Männer um den Hals, die ihn an den Beinen trugen, ähnlich dem Bild des schändlichen Wesens, das den Kampf verloren hat (aber wo der Stuhl ist, weiß ich nicht) und seine Haare sahen aus, als wären sie frisch bespielt worden. Als alle vier in einer Reihe sind, reibt sich der Major die Hände und flüstert mir mit der nötigen Heiserkeit zu: „Wenn unser lieber, bemerkenswerter Junge nur zu Hause wäre, was für ein entzückendes Vergnügen wäre das für ihn!"

Meine Liebe, wir machten ihnen heißen Tee und Toast und etwas heißes Brandy-Wasser mit ein wenig wohltuender Muskatnuss darin, und zuerst waren sie verängstigt und deprimiert, aber da sie vollständig versichert waren, wurden sie kontaktfreudig. Und der erste Gebrauch, den Mr. Buffle von seiner Zunge machte, bestand darin, den Major seinen Bewahrer und seine besten Freunde zu nennen und zu sagen: „Mein für immer liebster Herr, lassen Sie mich Sie Mrs. Buffle bekannt machen ", womit er ihn auch als ihren Bewahrer ansprach Sie war ihre beste Freundin und war so herzlich, wie die Decke es zuließ. Auch Miss Buffle . Der Kopf des artikulierten jungen Herrn war ein wenig leicht, und er saß da und stöhnte: „Robina liegt in Asche, Robina liegt in Asche!" Was ihm noch mehr zu Herzen ging, weil er in seine Decke gehüllt war, als würde er aus einem Geigenkasten blicken , bis Mr. Buffle sagt: „Robina, sprich mit ihm!" Miss Buffle sagt „Lieber George!" und wenn der Major nicht sofort Brandy und Wasser hineingegossen hätte, was ihm aufgrund der Muskatnuss einen Kloß im Hals und einen heftigen Hustenanfall verursacht hätte, wäre es vielleicht zu viel für seine Kräfte gewesen. Als der elegante junge Herr die Oberhand gewann, lehnte sich Mr. Buffle ein wenig zuversichtlich an Mrs. Buffle , die zwei Bündel hatte, und sagte dann mit Tränen in den Augen, die der Major bemerkte, als er sie wischte: „Wir waren nicht einig." Familie, lasst uns nach dieser Gefahr so werden, nimm sie, George." Der junge Herr konnte dazu seinen Arm nicht weit ausstrecken, aber sein gesprochener Gesichtsausdruck war, wenn auch für eine wandernde Klasse, sehr schön. Und ich weiß nicht, dass ich jemals eine viel angenehmere Mahlzeit hatte als das Frühstück, das wir gemeinsam einnahmen, nachdem wir alle eingeschlafen waren, als Miss Buffle sehr süßen Tee auf ganz römische Art kochte, wie es früher im Covent Garden Theatre dargestellt wurde, und als die ganze Familie dabei war höchst angenehm, wie sie seit jener Nacht bewiesen haben, als der Major am Fuße der Feuerleiter stand und sie beim Herunterkommen forderte – der junge Herr mit dem Kopf voran, was erklärt. Und obwohl ich nicht sage, dass wir weniger dazu neigen würden, schlecht übereinander zu denken, wenn wir uns strikt auf Decken beschränken würden, sage ich dennoch, dass wir die meisten von uns zu einem besseren Verständnis kommen könnten, wenn wir einander weniger auf Distanz halten würden.

Warum gibt es Wozenham's weiter unten auf der anderen Straßenseite? Mehrere Jahre lang empfand ich einen großen Schmerz angesichts dessen, was ich immer noch Miss Wozenhams systematische Unterbietung nennen muss, und wegen der Ähnlichkeit mit dem Haus in Bradshaw, das viel zu viele Fenster und eine äußerst schändliche und empörende Eiche hatte, die noch nie in der Norfolk Street gesehen wurde Eine Kutsche und vier Personen standen vor Wozenhams Tür, und es wäre Bradshaw weitaus mehr zu verdanken, wenn er ein Taxi gezogen hätte. Diese Gemütsverfassung blieb verbittert bis zum Nachmittag im Januar letzten Jahres, als eines meiner

Mädchen, Sally Rairyganoo , von der ich immer noch vermute, dass sie irischer Abstammung ist, obwohl ihre Familie Cambridge vertritt. Warum sollte man sich sonst nicht mit einem Maurer der Limerick-Konfession aus dem Staub machen und nicht in Mustern heiraten? Ich wartete, bis sein blaues Auge einigermaßen rund war, während die ganze Gruppe vierzehn Mann an der Zahl war und ein Pferd draußen auf dem Dach des Fahrzeugs kämpfte – ich wiederhole, mein Lieber, mein schlecht regulierter Geisteszustand gegenüber Miss Wozenham hielt bis zum Nachmittag an Letzten Januar kam Sally Rairyganoo (ich kann keinen milderen Ausdruck gebrauchen) mit einem Satz, der vielleicht aus Cambridge stammt und vielleicht auch nicht, in mein Zimmer gerannt und sagte: „ Hurroo Missis! Miss Wozenham ist ausverkauft!" Meine Liebe, als mir ins Gesicht und ins Gewissen geworfen wurde, dass das Mädchen Sally Grund zu der Annahme hatte, dass ich mich über den Ruin eines Mitschöpfers freuen könnte , brach ich in Tränen aus, ließ mich in meinen Stuhl zurückfallen und sagte: „Ich schäme mich." von mir selbst!"

Also! Ich versuchte, mich mit meinem Tee zufrieden zu geben, aber es gelang mir nicht, weil ich an Miss Wozenham und ihre Nöte dachte. Es war eine schreckliche Nacht, und ich trat an ein Vorderfenster und blickte zu Wozenhams Haus hinüber . Soweit ich im Nebel die Straße hinunter erkennen konnte, war es das düsterste Düstere, und kein Licht war zu sehen. Also merke ich mir schließlich: „Das geht nicht", und ich setze meine älteste Haube und meinen ältesten Schal auf, ohne zu wünschen, dass Miss Wozenham in solch einer Zeit an mein Bestes erinnert wird, und siehe da, ich gehe zu Wozenham und klopfe an . „Miss Wozenham zu Hause?" Sagte ich und drehte den Kopf, als ich hörte, wie die Tür aufging. Und dann sah ich, dass es Miss Wozenham selbst war, die es geöffnet hatte und traurigerweise sagte, sie sei ein armes Ding, und ihre Augen schwollen immer mehr vor Weinen an. „Miss Wozenham ", sage ich, „es ist schon einige Jahre her, dass es zwischen uns eine kleine Unannehmlichkeit wegen der Tatsache gab, dass die Mütze meines Enkels in Ihrem Airy steckte. Ich habe es übersehen und hoffe, dass Sie das Gleiche getan haben." „Ja, Mrs. Lirriper ", sagt sie überrascht, „das habe ich." „Dann, mein Lieber", sage ich, „würde ich gerne hereinkommen und ein Wort mit Ihnen sprechen." Als ich sie anrufe, bricht meine liebe Miss Wozenham ein überaus bemitleidenswertes Weinen aus, und ein nicht gefühlloser älterer Mensch, der besser rasiert gewesen wäre, eine Nachtmütze mit Hut darüber, entschuldigt sich höflich dafür, dass sich Mumps in seine Verfassung eingeschlichen hat, und auch dafür, dass er ihn auf dem Blasebalg, den er als Schreibtisch in der Hand hielt, zu seiner Frau nach Hause schickt, schaut aus dem Hinterzimmer , sagt „Die Dame möchte ein tröstendes Wort" und geht wieder hinein. So konnte ich ganz natürlich sagen: „Möchtet ein tröstendes Wort, Sir?" Dann gefälligst den Schweinen, sie soll es haben!" Und Miss Wozenham und ich gehen in das Wohnzimmer mit einem elenden Licht, das auch geweint zu haben schien und herauszustottern schien, und ich sagte: „Nun, meine Liebe, erzählen Sie mir alles", und sie ringt ihre Hände und sagt: „O Mrs . Lirriper , dieser Mann ist hier im Besitz, und ich habe keinen Freund auf der Welt, der mir mit einem Schilling helfen kann."

Es bedeutet überhaupt nicht, was ein gesprächiger alter Mann wie ich zu Miss Wozenham gesagt hat , als sie das sagte, und deshalb sage ich Ihnen stattdessen, meine Liebe, dass ich dreißig Schilling dafür gegeben hätte, sie nur zum Tee mitzunehmen Wegen des Majors habe ich es nicht gewagt. Nicht Sie sehen, aber was ich wusste, war, dass ich den Major bei den meisten Themen wie einen Faden herausziehen und ihn um meinen Finger wickeln konnte, und vielleicht sogar bei diesem, wenn ich mich darauf einlassen wollte, aber er und ich hatten Miss Wozenham so oft Lügen gestraft Ein anderer sagte, ich sei beschämt, und ich wusste, dass sie seinen Stolz und niemals meinen verletzt hatte, und ich hatte auch Angst, dass dieses Rairyganoo- Mädchen die Dinge peinlich machen könnte. Also sage ich: „Meine Liebe, wenn du mir eine Tasse Tee geben könntest, um mein Durcheinander zu klären, würde ich deine Angelegenheiten besser verstehen." Und wir hatten auch den Tee und die Affären, und immerhin waren es nur vierzig Pfund , und – Da! Sie ist so fleißig und ehrlich wie nie zuvor und hat bereits die Hälfte davon zurückgezahlt, und wo hat es einen Sinn, noch mehr zu sagen, besonders wenn es nicht darum geht? Denn der Punkt ist , als sie meine Hände küsste und sie in ihren hielt und sie noch einmal küsste und segnete Segen , ich bin endlich aufgeheitert und sage: „Was für eine watschelnde alte Gans, mein Lieber, dass ich dich für etwas so ganz anderes gehalten habe!" „Ah, aber ich auch", sagt sie, „wie habe *ich dich* getäuscht !" „Kommen Sie um Himmels willen und sagen Sie mir", sage ich , „was Sie von mir gehalten haben?" „O", sagt sie, „ich dachte, du hättest kein Gefühl für ein so hartes Leben von der Hand in den Mund wie meines und wälzst dich im Wohlstand." Ich schüttele meine Seiten (und bin sehr froh, das zu tun, denn ich hatte schon lange genug gewürgt): „Sehen Sie sich nur meine Figur an, meine Liebe, und sagen Sie mir Ihre Meinung, ob ich, wenn ich im Wohlstand wäre , wahrscheinlich darin wälzen würde?" " Das hat es geschafft? Wir waren so fröhlich wie Grigs (was auch immer *das* sein mag, falls du es zufällig kennst, meine Liebe – *ich* nicht) und ich ging so glücklich und dankbar wie möglich nach Hause in mein gesegnetes Zuhause. Aber bevor ich damit Schluss mache, denken Sie daran, dass ich den Major missverstanden habe! Ja! Am nächsten Vormittag kam der Major mit seinem gebürsteten Hut in der Hand in mein kleines Zimmer und begann: „Meine liebste Frau –" und steckte dann sein Gesicht in seinen Hut, als wäre er gerade in die Kirche gekommen. Als ich ganz in einem Labyrinth saß, zog er seinen Hut hervor und fing von vorne an. „Mein geschätzter und geliebter Freund –" und griff dann wieder zu seinem Hut. „Major", schreie ich

erschrocken, „ist unserem lieben Jungen etwas passiert?“ „Nein, nein, nein“,
sagt der Major, „aber Miss Wozenham war heute Morgen hier, um sich bei
mir zu entschuldigen, und bei Gott, ich komme nicht darüber hinweg, was
sie mir erzählt hat.“ „Hoity toity, Major“, sage ich, „Sie wissen noch nicht,
dass ich letzte Nacht Angst vor Ihnen hatte und nicht halb so gut von Ihnen
dachte, wie ich sollte!“ Kommen Sie also aus der Kirche, Major, und
verzeihen Sie mir wie einem lieben alten Freund, und ich werde es nie mehr
tun.“ Und ich überlasse es Ihnen, zu beurteilen, meine Liebe, ob ich es jemals
getan habe oder tun werde. Und wie rührend, daran zu denken, dass Miss
Wozenham trotz ihres geringen Einkommens und ihrer Verluste so viel für
ihren armen alten Vater tat und einen Bruder behielt, der das Pech hatte, sein
Gehirn durch die harte Mathematik zu erweichen, die so sauber wie eine neue
Stecknadel in der Welt war Drei werden den Mietern als Abstellraum
präsentiert und verzehren eine ganze Hammelschulter, wann immer sie zur
Verfügung steht!

Und jetzt, mein Lieber, werde ich Ihnen wirklich von meinem Vermächtnis
erzählen, wenn Sie geneigt sind, mir Ihre Aufmerksamkeit zu schenken , und
ich hatte durchaus die Absicht, direkt darauf zu kommen, nur dass eins das
andere hervorbringt. Es war im Juni und am Tag vor dem Mittsommertag,
als mein Mädchen Winifred Madgers – sie war das, was man eine Plymouth-
Schwester nennt, und der Plymouth-Bruder, der mit ihr davonkam, hatte
völlig recht, denn eine ordentlichere junge Frau kam nie zur Frau in ein Haus
und besuchte anschließend die schönsten Plymouth Twins – es war am Tag
vor dem Mittsommertag, als Winifred Madgers zu mir kam und zu mir sagte:
„Ein Herr aus dem Konsul möchte unbedingt mit Mrs. Lirriper sprechen .“
Wenn Sie mir glauben, mein Lieber, sind mir die Consols in der Bank, wo
ich eine kleine Angelegenheit für Jemmy habe , in den Sinn gekommen und
ich sage: „Meine Güte, ich hoffe, er ist nicht schrecklich gestürzt!“ Winifred
sagt: „Er sieht nicht so aus, als hätte er Ma'am.“ Und ich sage: „Führe ihn
herein.“

Der Herr kam dunkel und mit kurzgeschnittenen Haaren herein, was ich für
zu kurz halten sollte, und er sagt sehr höflich: „Madame Lirrwiper !“ Ich sage
: „Ja, Sir. Nehmen Sie einen Stuhl.“ „Ich komme“, sagt er, „ von der Frau
des Konsuls.“ Ich sah also sofort, dass es nicht die Bank of England war.
„Wir haben von der Mairwie in Sens eine Mitteilung erhalten “, sagt der Herr,
der sehr neugierig und geschickt sein R dreht , „ eine Mitteilung, die ich die
Ehre haben werde, zu übermitteln . “ Madame Lirrwiper versteht Frrwench
?“ „Oh mein Gott, nein, Sir!“ „Madame Lirriper versteht nichts dergleichen.“
„Es spielt keine Rolle“, sagt der Herr, „ich werde übersetzen .“

Damit, mein Lieber, der Herr, nachdem er etwas über eine Abteilung und
eine Marie gelesen hatte (was, Herr verzeihen Sie mir, ich bis zur Rückkehr
des Majors für Mary gehalten hatte, und nie war ich verwirrter, als darüber

nachzudenken, wie diese junge Frau dazu kam, so viel zu tun zu haben (mit ihr) übersetzte viel mit der zuvorkommendsten Mühe, und es kam dazu : – Dass in der Stadt Sons in Frankreich ein unbekannter Engländer im Sterben lag. Dass er sprachlos und bewegungslos war. Dass es in seiner Unterkunft eine goldene Uhr und eine Handtasche mit diesem und jenem Geld und einen Koffer mit dieser und jener Kleidung gab, aber keinen Pass und keine Papiere, außer dass auf seinem Tisch ein Kartenspiel lag und dass er mit Bleistift geschrieben hatte auf der Rückseite des Herz-Asses: „An die Behörden. Wenn ich tot bin, senden Sie bitte das, was noch übrig ist, als letztes Vermächtnis an Mrs. Lirriper Eighty-one Norfolk Street Strand London." Als der Herr dies alles erklärt hatte, was viel methodischer zu sein schien, als ich es den Franzosen hätte zugestehen sollen, da ich die Nation zu diesem Zeitpunkt nicht kannte, drückte er mir das Dokument in die Hand. Und umso klüger war ich, da können Sie sicher sein, außer dass es aussah, als wäre es auf Lebensmittelpapier ausgemacht worden, und dass es überall mit Adlern bedruckt war.

„Glaubt Madame Lirrwiper ", sagt der Herr, „dass sie ihren unglücklichen Landsmann wiedererkennt ?"

Sie können sich die Aufregung vorstellen, die es mir bereitete, mit mir über meine Landsleute zu reden.

Ich sage : „Entschuldigung. Würden Sie bitte die Freundlichkeit haben, Ihre Sprache so einfach wie möglich zu gestalten?"

„Dieser Engländer war unglücklich im Sterben. „Dieser Kamerad ist betroffen", sagt der Herr.

„Vielen Dank , Sir ", sage ich, „ich verstehe Sie jetzt. Nein, Sir, ich habe nicht die geringste Ahnung, wer das sein könnte."

„Hat Madame Lirrwiper keinen Sohn, keinen Neffen, keinen Patensohn, keinen Freund , keinen Bekannten irgendeiner Art in Frrwance ?"

„Nach meinem sicheren Wissen", sage ich, „kein Verwandter oder Freund, und nach meinem besten Wissen auch kein Bekannter."

"Entschuldigung. Nehmen Sie Locataires?" sagt der Herr.

Mein Lieber, der fest davon überzeugt war, dass er mir mit seinen zuvorkommenden ausländischen Manieren etwas anbot – Schnupftabak für alles, was ich wusste –, neigte leicht den Kopf und sagte, wenn Sie mir glauben: „Nein, ich danke Ihnen." Ich habe mir die Angewohnheit nicht zu eigen gemacht."

Der Herr sieht verwirrt aus und sagt „Lodgers!"

"Oh!" sagt ich lachend. „Segne den Mann! Warum ja, um sicher zu sein!"

„Könnte es nicht ein ehemaliger Untermieter sein?" sagt der Herr. „Irgendein Untermieter, den du begnadigt hast? Sie haben den Untermietern einige Begnadigungen gewährt?"

"Saum! „Es ist passiert, Sir", sage ich, „aber ich versichere Ihnen, dass ich mich an keinen Gentleman dieser Art erinnern kann, dass dies überhaupt wahrscheinlich ist."

Kurz gesagt, meine Liebe, wir konnten nichts daraus machen, und der Herr notierte, was ich sagte, und ging weg. Aber er hinterließ mir das Papier, von dem er zwei bei sich hatte, und als der Major hereinkam, sagte ich zu dem Major, als ich es ihm in die Hand drückte: „Major, hier ist Old Moores Almanach mit den vollständigen Hieroglyphen, für Ihre Meinung."

Der Major brauchte etwas länger zum Lesen, als ich gedacht hätte, gemessen an der Fülle, mit der er offenbar die Gabe hatte, die Orgelmänner anzugreifen, aber schließlich schaffte er es und blickte mich erstaunt an .

„Major", sage ich, „Sie sind gelähmt ."

„Madam", sagt der Major, „ Jemmy Jackman ist verdoppelt."

Nun war es so, dass der Major unterwegs war, um sich ein paar Informationen über Eisenbahnen und Dampfschiffe zu besorgen, da unser Junge am nächsten Tag zu seinen Mittsommerferien nach Hause kam und wir ihn zur Abwechslung irgendwohin mitnehmen wollten. Während der Major dastand und zusah, kam es mir in den Sinn, zu ihm zu sagen: „Major, ich wünschte, Sie würden sich einige Ihrer Bücher und Karten ansehen und herausfinden, wo genau diese Stadt Sens in Frankreich liegt."

Der Major weckte sich, ging in die Salons und stöberte ein wenig herum, als er zu mir zurückkam und sagte: „Sens, meine liebste Frau, ist etwa siebzig Meilen südlich von Paris."

Mit einer verzweifelten Anstrengung, die ich wirklich als „Major" bezeichnen würde, sage ich: „Wir werden mit unserem gesegneten Jungen dorthin gehen."

Wenn der Major jemals außer sich war, dann bei den Gedanken an diese Reise. Den ganzen Tag über war er wie der wilde Mann im Wald, nachdem er auf eine Anzeige in der Zeitung gestoßen war, in der ihm etwas zu seinem Vorteil gesagt wurde, und am nächsten Morgen, Stunden bevor Jemmy überhaupt nach Hause kommen konnte, stand er draußen auf der Straße und war bereit, nach ihm zu rufen dass wir alle nach Frankreich gehen würden. Sie glauben vielleicht, dass die jungen Rosycheeks genauso wild waren wie der Major, und sie machten so viel Spaß, dass ich sage: „Wenn ihr zwei Kinder nicht ordentlicher seid, schicke ich euch beide ins Bett." Und dann machten sie sich daran, das Teleskop des Majors zu säubern, um damit

Frankreich sehen zu können, und gingen raus und kauften eine Ledertasche mit einem Druckknopf, um sie um Jemmy zu hängen , und er, um das Geld wie ein kleiner Fortunatus in seiner Handtasche zu tragen.

Hätte ich nicht mein Wort gegeben und ihre Hoffnungen geweckt, hätte ich das Vorhaben wahrscheinlich nicht durchziehen können, aber jetzt war es zu spät, um zurückzukehren. Also machten wir uns am zweiten Tag nach dem Mittsommertag mit der Morgenpost auf den Weg. Und als wir an das Meer kamen, das ich nur ein einziges Mal in meinem Leben gesehen hatte und als mein armer Lirriper mir den Hof machte, die Frische, die Tiefe und die Luftigkeit und der Gedanke, dass es seitdem immer dahingerauscht war und dass es Es war immer eine turbulente Angelegenheit und so wenige von uns kümmerten sich darum, dass ich mich ziemlich ernst fühlte. Aber ich fühlte mich auch glücklich, ebenso wie Jemmy und der Major, und es bewegte sich im Großen und Ganzen nicht viel, obwohl ich mit einem Schwimmen im Kopf und einem Sinken in der Lage war, zu bemerken, dass die fremden Eingeweide hohler gebaut zu sein scheinen als die englischen, führenden zu viel gewaltigeren Geräuschen bei schlechten Seglern.

Aber meine Liebe, das Blau und die Leichtigkeit und das farbige Aussehen von allem und die gestreiften Wachhäuschen und die glänzenden, rasselnden Trommeln und die kleinen Soldaten mit ihren Hüften und ordentlichen Gamaschen, als wir auf den Kontinent kamen – da fühlte ich mich so wenn ich nicht weiß was – als ob die Atmosphäre von mir genommen worden wäre. Und was das Mittagessen angeht, warum segne ich Sie, wenn ich einen Koch und zwei Küchenmädchen hätte? Ich könnte es nicht für das Doppelte des Geldes machen, und keine verletzte junge Frau, die Sie böse anstarrt und Ihnen missbilligt und Ihre Gönnerschaft anerkennt, indem sie das wünscht Ihr Essen könnte Sie ersticken, aber so höflich und so heiß und aufmerksam und in jeder Hinsicht bequem, außer Jemmy, der ihm becherweise Wein in den Hals schüttet und ich damit rechnete, ihn unter den Tisch fallen zu sehen.

Und die Art und Weise, wie Jemmy sein Französisch sprach, war wirklich bezaubernd. Das wurde oft von ihm gewollt, denn wann immer jemand eine Silbe mit mir sprach, sagte ich: „Unverstanden , du bist sehr nett, aber es nützt nichts – Jetzt Jemmy !“ Und dann, Jemmy , schießt er lieblich auf sie los , das Einzige, was an Jemmys Französisch fehlte, war, dass er, wie es mir schien, kaum ein Wort von dem verstand, was sie ihm sagten, was es kaum von dem Nutzen machte, den es hätte haben sollen In anderer Hinsicht ist er ein perfekter Muttersprachler, und was die Geläufigkeit des Majors angeht, hätte ich, wenn ich Französisch nach Englisch beurteilen würde, der Meinung sein müssen, dass die Wortauswahl in der Sprache vielleicht größer gewesen wäre, obwohl ich das dennoch zugeben muss, wenn ich ihn nicht gekannt hätte, als er Als ich einen Militärmann in einem grauen Mantel fragte, wie spät es sei, hätte ich ihn für einen gebürtigen Franzosen halten sollen.

Bevor wir uns um mein Vermächtnis kümmerten, sollten wir einen ganz normalen Tag in Paris verbringen, und ich überlasse es Ihnen, zu beurteilen, was für ein Tag *das mit* Jemmy und dem Major und dem Teleskop und mir und dem umherstreifenden jungen Mann an der Tür des Gasthauses war (aber auch sehr höflich), der uns begleitete, um uns die Sehenswürdigkeiten zu zeigen. Auf der gesamten Strecke nach Paris hatten mich Jemmy und der Major zu Tode erschreckt, indem sie sich auf die Bahnsteige der Bahnhöfe bückten, um die Lokomotiven unter ihren mechanischen Mägen zu inspizieren, und indem sie, ich weiß nicht wo, immer ein- und ausschlichen, um Verbesserungen zu finden für den United Grand Junction Parlour , aber als wir an einem hellen Morgen auf die strahlenden Straßen hinausgingen, gaben sie all ihre Verbesserungen in London als schlechte Arbeit auf und konzentrierten sich stattdessen auf Paris. Sagt der umherstreifende junge Mann zu mir: „Werde ich Englisch Nein sprechen?" Also sage ich: „Wenn du kannst, junger Mann, nehme ich es als einen Gefallen ", aber nach einer halben Stunde, als ich fest davon überzeugt war, dass der Mann und ich auch verrückt geworden sind, sage ich: „Sei so gut, greife auf dich zurück." Französischer Herr", wohlwissend, dass ich dann nicht die Qualen haben sollte, ihn zu verstehen, was eine glückliche Befreiung war. Auch nicht, dass ich viel mehr verloren hätte als die anderen, denn das ist mir im Allgemeinen aufgefallen, als er etwas sehr Langes beschrieben hatte und ich zu Jemmy sagte : „Was sagt er, Jemmy ?" Jemmy sagt mit rachsüchtigem Blick: „Er ist so unglaublich undeutlich!" und das, als er es noch einmal länger beschrieben hatte und ich zu Jemmy sagte : „Na Jemmy, worum geht es?" Jemmy sagt: „Er sagt, das Gebäude sei im Jahr 1704 repariert worden, Oma."

Ich kann nicht erwarten, dass ich weiß, woher dieser umherstreifende junge Mann seine Herumschleichgewohnheiten entwickelte, aber die Art und Weise, wie er um die Ecke ging, während wir frühstückten, und wieder da war, als wir den letzten Krümel verschluckt hatten, war höchst wundervoll , und trotzdem Beim Abendessen und am Abend streiften wir gleichermaßen durch das Theater, durch das Tor des Gasthauses und durch die Ladentüren, wenn wir ein oder zwei Kleinigkeiten kauften, und überall sonst, hatten aber die Tendenz zu spucken. Und von Paris kann ich dir nichts weiter sagen, meine Liebe, als dass es Stadt und Land in einem ist, mit gemeißeltem Stein und langen Straßen mit hohen Häusern und Gärten und Brunnen und Statuen und Bäumen und Gold und immens großen Soldaten und immens kleinen Soldaten und die nettesten Krankenschwestern mit den weißesten Mützen, ein Springseilspiel mit den bauschigsten Babys in den flachsten Mützen, und überall ausgebreitete saubere Tischdecken zum Abendessen und Leute, die den ganzen Tag draußen rauchend und nippend sitzen und kleine Theaterstücke aufgeführt werden Open Air für kleine Leute und jedes Geschäft ein vollständiger und eleganter Raum, und jeder scheint mit allem auf dieser Welt zu spielen. Und was die funkelnden Lichter betrifft, meine Liebe, nach Einbruch der Dunkelheit, die hoch oben und unten und vorne und hinten und rundherum glitzern, und die Menge der Theater und die Menge der Menschen und die Menge aller Art, das ist pure Verzauberung. Und das Einzige, was mich wirklich geärgert hat, war, dass die Dame oder der Herr eingesperrt ist, ganz gleich, ob man sein Fahrgeld bei der Bahn bezahlt, ob man sein Geld bei einem Geldhändler wechselt oder ob man seine Fahrkarte im Theater abholt (I vermutlich von der Regierung) hinter den stärksten Eisenstangen, die eher ein zoologisches Aussehen als ein freies Land haben.

Nun, um sicher zu sein, als ich an diesem Abend endlich meine kostbaren Knochen ins Bett brachte und mein junger Schurke hereinkam, um mich zu küssen und fragte: „Was hältst du von diesem schönen, schönen Paris, Oma?" Ich sage: „ Jemmy, ich habe das Gefühl, als würde in meinem Kopf ein wunderschönes Feuerwerk abgefeuert." Und sehr kühl und erfrischend war das angenehme Land am nächsten Tag, als wir uns um mein Vermächtnis kümmerten, und es erholte mich sehr und tat mir viel Gutes.

Endlich , meine Liebe, kommen wir also nach Sens, einer hübschen kleinen Stadt mit einer großen Kathedrale mit zwei Türmen und Türmen, die in die Schießscharten hinein- und herausfliegen, und einem weiteren Turm auf einem der Türme, der wie eine Art Steinkanzel aussieht . Auf der Kanzel mit den Vögeln, die, wenn Sie mir glauben, unter ihm vorbeiflogen, sah ich einen Fleck, als ich mich vor dem Abendessen im Gasthaus ausruhte, und sie zeigten mir, dass es sich um Jemmy handelte, und was es wirklich war. Als ich auf dem Balkon des Hotels saß, hatte ich mir vorgestellt, dass ein Engel dort leuchten und zu den Menschen herabrufen würde, gut zu sein, aber ich hätte kaum gedacht, dass das, was Jemmy, ohne dass er es selbst wusste, ein Ruf von diesem hohen Ort zu einigen wäre einer in der Stadt.

Das am angenehmsten gelegene Gasthaus, meine Liebe! Direkt unter den beiden Türmen, mit ihren Schatten, die sich den ganzen Tag über wie auf einer Sonnenuhr verändern, und mit Landleuten, die in Karren und Cabriolets mit Verdeck und dergleichen in den Hof hinein- und hinausfahren, und mit einem Markt draußen vor der Kathedrale und alles so urig und malerisch . Der Major und ich waren uns einig, dass dies der Ort sei, an dem wir unseren Urlaub verbringen würden, was auch immer aus meinem Vermächtnis hervorginge, und wir kamen auch überein, dass sich unser lieber Junge in dieser Nacht am besten nicht durch den Anblick des Engländers in seiner Freude bremsen ließ, wenn er still war lebendig, aber dass wir zusammen und allein gehen würden. Denn Sie müssen verstehen, dass der Major sich in seinem Wind der Höhe, auf die Jemmy geklettert war, nicht ganz gewachsen fühlte, zu mir zurückkam und ihn beim Führer zurückließ.

Nach dem Abendessen, als Jemmy sich auf den Weg gemacht hatte, um den Fluss zu besichtigen, ging der Major zur Mairie hinunter und kam bald darauf mit einem militärischen Charakter zurück, der ein Schwert und Sporen trug, einen Dreispitz, einen gelben Schultergürtel und lange Schildchen um ihn herum er muss es als unbequem empfunden haben. Und der Major sagt: „Der Engländer liegt immer noch in demselben Zustand, liebste Frau." Dieser Herr wird uns zu seiner Unterkunft führen." Daraufhin zog der Militärmann vor mir seinen Dreispitz ab, und mir fiel auf, dass er sich die Stirn rasiert hatte, um Napoleon Bonaparte nachzuahmen, aber nicht ähnlich.

Wir gingen durch das Hoftor, an den großen Toren der Kathedrale vorbei und eine schmale Hauptstraße hinunter, wo die Leute an den Ladentüren saßen und plauderten und die Kinder spielten. Der Militärcharakter ging voran und blieb an einem Schweinefleischladen stehen, in dessen Fenster eine kleine Statue eines Schweins saß und eine Privattür, aus der ein Esel herausschaute.

Als der Esel die Militärfigur sah, schlüpfte er auf dem Bürgersteig hervor, drehte sich um und lief dann klappernd durch den Gang in einen Hinterhof. Da die Luft klar war, wurden der Major und ich die gemeinsame Treppe hinauf und in das vordere Zimmer im zweiten Stock geführt, ein kahles Zimmer mit rotem Fliesenboden und zur Verdunkelung heruntergezogenen Außenjalousien. Als die Militärfigur die Jalousien öffnete, sah ich, wie der Turm, in dem ich Jemmy gesehen hatte , dunkler wurde, als die Sonne unterging, und ich drehte mich zum Bett an der Wand um und sah den Engländer.

Es war eine Art Gehirnfieber, und seine Haare waren völlig verschwunden, und auf seinem Kopf lagen nasse, gefaltete Leinentücher. Ich sah ihn sehr aufmerksam an, wie er völlig erschöpft und mit geschlossenen Augen da lag, und ich sagte zum Major:

„ *Ich* habe dieses Gesicht noch nie zuvor gesehen."

Auch der Major sah ihn sehr aufmerksam an und sagte: „Ich habe dieses Gesicht noch nie zuvor gesehen."

Als der Major dem Militärmann unsere Worte erklärte, zuckte dieser Herr mit den Schultern und zeigte dem Major die Karte, auf der für mich über das Vermächtnis geschrieben stand. Es war mit schwacher und zitternder Hand im Bett geschrieben worden, und ich wusste nicht mehr von der Schrift als vom Gesicht. Der Major auch nicht.

Obwohl er allein dort lag, wurde für das arme Geschöpf so gut gesorgt, wie man es sich nur wünschen konnte, und es hätte kaum gemerkt, dass zu diesem Zeitpunkt jemand neben ihm saß. Ich ließ den Major sagen, dass wir vorerst nicht weggehen würden und dass ich morgen wiederkommen und ein wenig am Bett zuschauen würde. Aber ich brachte ihn dazu, hinzuzufügen – und ich schüttelte kräftig den Kopf, um es noch stärker zu machen : „ Wir sind uns einig, dass wir dieses Gesicht noch nie zuvor gesehen haben.“

Unser Junge war sehr überrascht, als wir ihm erzählten, wie er draußen auf dem Balkon im Sternenlicht saß, und er ging einige dieser Geschichten über ehemalige Untermieter und über die Unterbringung des Majors durch und fragte, ob es nicht möglich sei, dass es dieser Untermieter oder … sei dieser Untermieter. Es war nicht möglich und wir gingen zu Bett.

Am nächsten Morgen, gerade zur Frühstückszeit, kam der Militärmann klingelnd vorbei und sagte, dass der Arzt aufgrund der Zeichen, die er sah, vermutete, dass es vor dem Ende zu einer Erholung kommen könnte. Also sage ich zum Major und zu Jemmy : „Ihr zwei Jungs geht und habt Spaß, und ich nehme mein Gebetbuch und setze mich ans Bett.“ Also ging ich hin und saß einige Stunden da und las ab und zu ein Gebet für ihn, die arme Seele, und es war ganz schön an dem Tag, als er seine Hand bewegte.

Er war so still gewesen, dass ich es in dem Moment wusste, als er sich bewegte, und ich nahm meine Brille ab, legte mein Buch hin, stand auf und sah ihn an. Nachdem er eine Hand bewegt hatte, begann er, beide zu bewegen, und dann war seine Handlung die Handlung einer Person, die im Dunkeln tappt. Lange nachdem er die Augen geöffnet hatte, lag ein Film über ihnen und er tastete immer noch nach dem Weg hinaus ins Licht. Aber nach und nach wurde seine Sicht klarer und seine Hände hielten inne. Er sah die Decke, er sah die Wand, er sah mich. Als seine Sicht klar wurde, wurde auch meine klarer, und als wir uns endlich in die Gesichter sahen, zuckte ich zurück und weinte leidenschaftlich:

„O du böser, böser Mann! Deine Sünde hat dich herausgefunden!“

Denn von dem Moment an, als ihm das Leben aus den Augen schwand, wusste ich, dass er Mr. Edson war, Jemmys Vater, der Jemmys junge, unverheiratete Mutter, die in meinen Armen gestorben war, das arme zarte Geschöpf, so grausam im Stich gelassen und Jemmy mir überlassen hatte.

„Du grausamer, böser Mann! Du böser schwarzer Verräter!“

Mit der wenigen Kraft, die er hatte, versuchte er, sein elendes Gesicht umzudrehen, um es zu verbergen. Sein Arm fiel aus dem Bett und mit ihm sein Kopf, und da lag er am Körper und am Geist zerschmettert vor mir. Sicherlich der schrecklichste Anblick unter der Sommersonne!

„O gesegneter Himmel", sage ich weinend, „lehre mich, was ich diesem gebrochenen Sterblichen sagen soll!" Ich bin ein armes, sündiges Geschöpf, und das Gericht liegt nicht bei mir."

Als ich meinen Blick zum klaren, hellen Himmel hob, sah ich den hohen Turm, auf dem Jemmy über den Vögeln gestanden hatte, und sah genau dieses Fenster; und der letzte Blick dieser armen hübschen jungen Mutter, als ihre Seele heller wurde und frei wurde, schien von ihr herabzustrahlen.

„O Mann, Mann, Mann!" Sagte ich und ging neben dem Bett auf die Knie; „Wenn dein Herz zerrissen ist und du wirklich Reue für das empfindest, was du getan hast, wird unser Erlöser noch Erbarmen mit dir haben!"

Als ich mein Gesicht gegen das Bett lehnte, konnte seine schwache Hand sich gerade so weit bewegen, dass sie mich berührte. Ich hoffe, die Berührung war reuig. Es versuchte, mein Kleid festzuhalten und festzuhalten, aber die Finger waren zu schwach, um es zu schließen.

Ich hob ihn wieder auf die Kissen und sagte zu ihm:

"Können Sie mich hören?"

Er sah ja aus.

"Kennen Sie mich?"

Er sah ja sogar noch schlichter aus.

„Ich bin nicht allein hier. Der Major ist bei mir. Erinnern Sie sich an den Major?"

Ja. Das heißt, er hat es genauso verstanden wie zuvor.

„Und selbst der Major und ich sind nicht allein. Mein Enkel – sein Patensohn – ist bei uns. Hörst du? Mein Enkel."

Die Finger machten einen weiteren Versuch, meinen Ärmel zu packen, konnten sich aber nur an ihn heranschleichen und fallen.

„Weißt du, wer mein Enkel ist?"

Ja.

„Ich hatte Mitleid mit seiner einsamen Mutter und liebte sie. Als seine Mutter im Sterben lag, sagte ich zu ihr: „Meine Liebe, dieses Baby wird einer kinderlosen alten Frau geschickt." Seitdem ist er mein ganzer Stolz und meine Freude. Ich liebe ihn so sehr, als hätte er aus meiner Brust getrunken. Bitten Sie darum, meinen Enkel zu sehen, bevor Sie sterben?"

Ja.

„Zeigen Sie mir, wenn ich aufhöre zu reden, ob Sie richtig verstehen, was ich sage. Die Geschichte seiner Geburt blieb ihm verborgen. Er hat keine Kenntnis davon. Kein Verdacht. Wenn ich ihn hierher an die Seite dieses Bettes bringe, wird er Sie für einen völlig Fremden halten. Es ist mehr als ich tun kann, ihm das Wissen vorzuenthalten, dass es so viel Unrecht und Elend auf der Welt gibt; aber dass es ihm in seiner unschuldigen Wiege so nahe war, habe ich ihm vorenthalten, und ich verhalte es vor ihm, und ich werde es immer vor ihm verbergen, um seiner Mutter willen und um seiner selbst willen.“

Er zeigte mir, dass er es deutlich verstand, und die Tränen liefen ihm aus den Augen.

„Ruhe dich jetzt aus, dann wirst du ihn sehen.“

Also besorgte ich ihm etwas Wein und etwas Brandy und brachte alles in Ordnung, was sein Bett anging. Aber ich begann mir Sorgen zu machen, dass Jemmy und der Major zu lange auf sich warten ließen. Da meine Gedanken und Hände so beschäftigt waren, hörte ich keinen Fuß auf der Treppe und erschrak, als ich sah, wie der Major mitten im Zimmer stehen blieb, als er die Augen des Mannes auf dem Bett sah und ihn kannte damals, wie ich ihn vor einiger Zeit kannte.

Auf dem Gesicht des Majors lag Wut, da waren Entsetzen und Abscheu und ich weiß nicht was. Also ging ich zu ihm und führte ihn zum Bett, und als ich meine Hände faltete und sie hochhob, tat der Major dasselbe.

„O Herr“, sage ich, „Du weißt, was wir beide gemeinsam von den Leiden und Sorgen dieses jungen Geschöpfs gesehen haben , das jetzt bei Dir ist.“ Wenn dieser Sterbende wirklich reuig ist, bitten wir beide gemeinsam Dich demütig um Erbarmen mit ihm!“

Der Major sagt „Amen!“ und dann, nach einer kurzen Pause, flüstere ich ihm zu: „Lieber alter Freund, hol unseren geliebten Jungen.“ Und der Major, der so schlau war, dass er alles verstanden hatte, ohne dass man ihm ein Wort sagte, ging weg und brachte ihn.

Niemals Nie werde ich das schöne, strahlende Gesicht unseres Jungen vergessen, als er am Fußende des Bettes stand und seinen unbekannten Vater ansah. Und dann mag ich seine liebe junge Mutter so sehr!

„ Jemmy “, sage ich, „ich habe alles über diesen armen Herrn herausgefunden, der so krank ist, und er hat einmal in dem alten Haus gewohnt. Und da er nun, da er stirbt, alles sehen möchte, was dazu gehört, habe ich nach dir geschickt.“

„Ah armer Mann!“ sagt Jemmy, tritt vor und berührt mit großer Sanftheit eine seiner Hände. „Mein Herz schmilzt für ihn. Armer, armer Mann!“

Die Augen, die sich so bald für immer schließen sollten, wandten sich mir zu, und ich war in meinem Stolz auf meine Stärke nicht so stark, dass ich ihnen widerstehen konnte.

„Mein lieber Junge, es gibt einen Grund in der geheimen Geschichte dieses Mitgeschöpfs, der lügt, denn eines Tages müssen die Besten und die Schlimmsten von uns alle lügen, und ich denke, dass dies seinen Geist in seiner letzten Stunde beruhigen würde, wenn du deine Wange dagegen legen würdest Seine Stirn und sagen: ‚Möge Gott dir vergeben!‘"

„O Oma", sagt Jemmy mit vollem Herzen, „ich bin es nicht wert!" Aber er beugte sich vor und tat es. Dann versuchten die zitternden Finger endlich, meinen Ärmel zu packen, und ich glaube, er versuchte mich zu küssen, als er starb.

* * * * *

Da mein Lieber! Da haben Sie die Geschichte meines Vermächtnisses in voller Länge, und es ist das Zehnfache der Mühe wert, die ich dafür aufgewendet habe, wenn es Ihnen gefällt.

Man könnte annehmen, dass wir dadurch gegen die kleine französische Stadt Sens antreten, aber nein, das haben wir nicht gefunden. Ich stellte fest, dass ich nie zu dem hohen Turm auf dem anderen Turm hinaufgeschaut habe, aber die Tage kamen wieder zurück, als dieses schöne junge Geschöpf mit ihrem hübschen hellen Haar mir wie eine Mutter vertraute und die Erinnerung den Ort so friedlich machte ich, wie ich es nicht ausdrücken kann. Und jede Seele im Hotel bis hin zu den Tauben im Hof freundete sich mit Jemmy und dem Major an und trottete mit ihnen auf allen möglichen Expeditionen in allen möglichen Fahrzeugen davon, die von wilden Kutschpferden gezogen wurden – mit Köpfen und ohne. – Schlamm als Farbe und Seile als Geschirr – und jeder neue Freund, der blau gekleidet war wie ein Metzger, und jedes neue Pferd, das auf seinen Hinterbeinen stand und jedes andere Pferd verschlingen und verzehren wollte, und jeder Mann, der eine Peitsche zum Knallen hatte – knack-knack-knack-knack, als wäre es ein Schuljunge mit seinem ersten. Was den Major betrifft, mein Lieber, dieser Mann lebte den größten Teil seiner Zeit mit einem kleinen Glas in der einen Hand und einer Flasche Wein in der anderen, und wann immer er jemand anderen mit einem kleinen Glas sah, egal wer es war, – der Militärcharakter mit den Schildern, oder die Wirtsleute beim Abendessen im Hof, oder Stadtbewohner, die auf einer Bank plaudern, oder Landleute, die nach dem Markt nach Hause kommen – der Major stürzt herbei, um sein Glas gegen ihre Gläser anzustoßen und zu weinen ‚-Hallo! Lebe jemanden! oder Vive Something! als wäre er außer sich. Und obwohl ich dem Major nicht ganz zustimmen konnte, sind die Sitten der Welt doch die Sitten der Welt, die je nach den verschiedenen Teilen der Welt unterschiedlich sind, und überhaupt auf dem offenen Platz mit einer Dame zu tanzen, die einen Friseurladen betrieb Ich bin der Meinung, dass der Major Recht hatte, sein Bestes zu geben und mit einer Kraft loszulegen, die ich nicht für möglich gehalten hätte, auch wenn mir der verbarrikadierende Klang der Schreie, die von den anderen Tänzern inszeniert wurden, ein wenig unruhig war der Rest der Firma, bis ich frage: „Wieso rufen die denn jemals Jemmy an ?" Jemmy sagt: „Sie rufen Oma, Bravo, die Militär-Engländerin! Bravo, das Militärenglisch!" Das befriedigte meine Gefühle als Brite sehr und führte zu dem Namen, unter dem der Major bekannt wurde.

Aber jeden Abend saßen wir alle drei zu einer bestimmten Zeit auf dem Balkon des Hotels am Ende des Hofes und schauten hinauf zu dem goldenen und rosigen Licht, das sich auf den großen Türmen veränderte, und betrachteten die Schatten der Türme Sie haben alles an uns selbst verändert, auch an uns selbst, und was glauben Sie, was wir dort gemacht haben? Meine Liebe, wenn Jemmy nicht noch ein paar andere dieser Geschichten über den Sturz des Majors aus der Erzählung ehemaliger Untermieter in der Norfolk Street 81 mitgebracht hätte, und wenn er sie nicht mit dieser Rede ans Licht gebracht hätte:

„Hier bist du, Oma! Hier bist du Pate! Mehr davon ! Ich werde lesen. Und obwohl du sie für mich geschrieben hast , Pate, weiß ich, dass du es nicht missbilligen wirst, wenn ich sie Oma übergebe; wirst du?"

„Nein, mein lieber Junge", sagt der Major. „Alles, was wir haben, gehört ihr, und wir gehören ihr."

„Ihr gehört immer liebevoll und hingebungsvoll J. Jackman und J. Jackman Lirriper ", ruft der junge Schurke und umarmt mich fest. „Na gut, Pate. Schau hier. Da Gran gerade im Legacy-Modus ist, werde ich diese Geschichten zu einem Teil von Gran's Legacy machen. Ich überlasse sie ihr. Was sagst du, Pate?"

„Hip hip Hurra!" sagt der Major.

„Na gut", ruft Jemmy aufgeregt. „ Vive the Military English! Lebe die Lady Lirriper ! Vive the Jemmy Jackman Ditto! Lebe das Vermächtnis! Jetzt pass auf, Oma. Und pass auf, Pate. *Ich werde* lesen! Und ich verrate dir, was ich sonst noch tun werde. In der letzten Nacht unseres Urlaubs hier, wenn wir alle gepackt haben und abreisen, werde ich etwas Eigenes auffüllen."

„Bitte beachten Sie, Sir", sage ich.

KAPITEL II
FRAU. LIRRIPER ERZÄHLT, WIE JEMMY
Nachgefüllt hat

Nun, mein Lieber, und so brachten uns die abendlichen Lesungen dieser Notizen des Majors endlich zu dem Abend, an dem wir alle gepackt hatten und am nächsten Tag abreisten, und ich versichere Ihnen, dass es zu diesem Zeitpunkt allerdings köstlich angenehm war, nach vorn zu blicken Als ich wieder in dem lieben alten Haus in der Norfolk Street war, hatte ich mir eine ziemlich hohe Meinung von der französischen Nation gebildet und war aufgefallen, dass sie in ihren Familien viel heimeliger und häuslicher und in ihrem Leben viel einfacher und liebenswürdiger waren, als ich es jemals erlebt hatte zu erwarten, und es kam mir zwischen uns vor, dass sie in einem bestimmten Fall zum Vorteil einer anderen Nation nachgeahmt werden könnten, die ich nicht erwähnen werde, und das liegt an dem Mut, mit dem sie ihre kleinen Freuden mit kleinen Mitteln und mit kleinen Dingen genießen und Lasst nicht zu, dass feierliche, große Perücken sie aus dem Gesicht starren oder ihre Worte stumpf machen, von diesen feierlichen, großen Perücken habe ich jemals die eine Meinung gehabt, dass ich wünschte, sie würden es sich alle getrennt in Kupferanzügen mit aufgesetzten Lidern bequem machen und niemals zulassen nicht mehr raus.

„Also, junger Mann", sagte ich zu Jemmy , als wir am letzten Abend unsere Stühle auf den Balkon brachten, „denken Sie bitte daran, wer ‚auffüllen' musste."

„Na gut, Oma", sagt Jemmy . „Ich bin die berühmte Persönlichkeit."

Aber nachdem er mir diese leichtfertige Antwort gegeben hatte, sah er mich so ernst an, dass der Major die Augenbrauen hochzog und ich meine hochzog.

„Oma und Pate", sagt Jemmy , „Sie können sich kaum vorstellen, wie sehr mir Mr. Edsons Tod im Kopf herumgeht."

Es gab mir einen kleinen Scheck. "Ah! „Es war eine traurige Szene, meine Liebe", sage ich , „und traurige Erinnerungen kommen stärker zurück als fröhliche." Aber das", sage ich nach kurzem Schweigen, um mich und den Major und Jemmy alle zusammen aufzuwecken, „ist kein Nachfüllen. Erzähl uns deine Geschichte, meine Liebe."

„Das werde ich", sagt Jemmy .

„Was ist das Datum, Sir?" sagt ich. „Es war einmal, als Schweine Wein tranken?"

„Nein, Oma", sagt Jemmy , immer noch ernst; „Es war einmal, als die Franzosen Wein tranken."

Wieder warf ich einen Blick auf den Major, und der Major blickte mich an.

„Kurz gesagt, Oma und Pate", sagt Jemmy und schaut auf, „diesmal ist das Datum gekommen, und ich werde Ihnen Mr. Edsons Geschichte erzählen."

Das Flattern, in das es mich versetzte. Der Farbwechsel des Majors!

„Das heißt, Sie verstehen", sagt unser strahlender Junge, „ich werde Ihnen meine Version davon geben. Ich werde nicht fragen, ob es richtig ist oder nicht, erstens, weil du gesagt hast, du wüsstest sehr wenig darüber, Oma, und zweitens, weil das wenige, was du wusstest, ein Geheimnis war."

Ich faltete die Hände im Schoß und ließ Jemmy nicht aus den Augen , als er weiterrannte.

„Der unglückliche Herr", beginnt Jemmy , „der Gegenstand unserer vorliegenden Erzählung ist, war der Sohn von Jemandem, wurde irgendwo geboren und wählte irgendwie einen Beruf." Es sind nicht diese Teile seiner Karriere, mit denen wir uns befassen müssen; aber mit seiner frühen Bindung an eine junge und schöne Dame."

Ich dachte, ich hätte fallen sollen. Ich durfte den Major nicht ansehen; aber ich weiß, in welchem Zustand er war, ohne ihn anzusehen.

„Der Vater unseres unglückseligen Helden", sagt Jemmy und kopiert, wie es mir schien, den Stil einiger seiner Märchenbücher, „war ein weltlicher Mann, der ehrgeizige Ansichten für seinen einzigen Sohn hegte und sich entschieden dagegen stellte." erwog ein Bündnis mit einem tugendhaften, aber mittellosen Waisenkind. Tatsächlich ging er sogar so weit, unserem Helden rundheraus zu versichern, dass er ihn enterben würde, wenn er seine Gedanken nicht vom Gegenstand seiner hingebungsvollen Zuneigung abbringen würde. Gleichzeitig schlug er als geeignete Partnerin die Tochter eines benachbarten Herrn aus gutem Hause vor, der weder ungünstig noch unliebsam war und dessen Eignung in finanzieller Hinsicht nicht bestritten werden konnte. Aber der junge Mr. Edson, der der ersten und einzigen Liebe treu geblieben war, die seine Brust entzündet hatte, lehnte alle Überlegungen zur Weiterentwicklung ab und rannte mit ihr davon, indem er den Zorn seines Vaters in einem respektvollen Brief missbilligte."

Mein Lieber, ich hatte angefangen, mich zum Besseren zu wenden, aber als es darum ging , wegzulaufen , begann ich, eine weitere Wendung zum Schlechten zu nehmen.

„Die Liebenden", sagt Jemmy , „flohen nach London und vereinten sich am Altar der St. Clemens-Dänen. Und in dieser Phase ihrer einfachen, aber berührenden Geschichte finden wir sie als Bewohner der Wohnung einer hochgeschätzten und geliebten Dame namens Gran, die im Umkreis von hundert Meilen von der Norfolk Street wohnt."

Ich hatte das Gefühl, dass wir jetzt fast in Sicherheit waren, ich hatte das Gefühl, dass der liebe Junge keine Ahnung von der bitteren Wahrheit hatte, und ich sah den Major zum ersten Mal an und holte tief Luft. Der Major nickte mir zu.

„Der Vater unseres Helden", fährt Jemmy fort, „erwies sich als unerbittlich und setzte seine Drohung in die unerbittliche Ausführung um. Die Kämpfe des jungen Paares in London waren hart und wären noch schlimmer gewesen, wenn ihr guter Engel sie nicht in die Wohnstätte von geführt hätte." Frau Gran; die ihre Armut erahnten (trotz ihrer Bemühungen , sie vor ihr zu verbergen), durch tausend zarte Künste ihren rauen Weg ebneten und die Schärfe ihrer ersten Not linderten."

Hier nahm Jemmy eine meiner Hände in seine und begann, die Wendungen seiner Geschichte zu markieren, indem er mich von Zeit zu Zeit einen Schlag auf seine andere Hand geben ließ.

„Nach einer Weile verließen sie das Haus von Frau Gran und verfolgten ihr Schicksal anderswo mit verschiedenen Erfolgen und Misserfolgen. Aber in allen Rückschlägen, ob im Guten oder im Bösen, lauteten die Worte von Mr. Edson an die schöne junge Partnerin seines Lebens: „Unveränderliche Liebe und Wahrheit werden uns durch alles tragen!"

Meine Hand in der des lieben Jungen zitterte, diese Worte waren völlig anders als die Tatsache.

„Unveränderliche Liebe und Wahrheit", sagt Jemmy immer wieder, als hätte er eine Art stolzes, edles Vergnügen daran, „wird uns durch alles tragen!" Das waren seine Worte. Und so kämpften sie sich arm, aber tapfer und glücklich durch, bis Mrs. Edson ein Kind zur Welt brachte."

„Eine Tochter", sage ich .

„Nein", sagt Jemmy , „einen Sohn." Und der Vater war so stolz darauf, dass er es kaum aus den Augen lassen konnte. Doch eine dunkle Wolke breitete sich über der Szene aus. Mrs. Edson wurde krank, erschlaffte und starb."

"Ah! Erkrankte, erschlaffte und starb!" Ich sage .

„Und so war Mr. Edsons einziger Trost, einzige Hoffnung auf Erden und einziger Ansporn zum Handeln sein geliebter Junge. Als das Kind älter wurde, ähnelte es seiner Mutter so sehr, dass es für sie ein lebendes Abbild war. Früher fragte er sich, warum sein Vater weinte, als er ihn küsste. Aber unglücklicherweise glich er seiner Mutter sowohl in der Konstitution als auch im Gesicht, und siehe da, er starb auch, bevor er der Kindheit entwachsen war. Dann warf Mr. Edson, der über gute Fähigkeiten verfügte, sie alle in seiner Verzweiflung und Verzweiflung in den Wind. Er wurde apathisch, rücksichtslos, verloren. Nach und nach sank er tiefer, tiefer, tiefer, bis er schließlich fast (glaube ich) vom Spielen lebte. Und so wurde er in der Stadt Sens in Frankreich von einer Krankheit heimgesucht und er legte sich zum Sterben nieder. Aber jetzt, als er ihn niederlegte, als alles erledigt war, und auf die grüne Vergangenheit zurückblickte, die über die Zeit hinausging, als er sie mit Asche bedeckt hatte, dachte er dankbar an die gute Frau Oma, die er so freundlich behandelt hatte und die er schon lange aus den Augen verloren hatte er und seine junge Frau in den ersten Tagen ihrer Ehe, und er hinterließ ihr das Wenige, das er hatte, als letztes Vermächtnis. Und als sie zu ihm gebracht wurde, kannte sie ihn zunächst nicht besser, als wenn sie die Ruine eines griechischen oder römischen Tempels sah, wie er einmal war, bevor er fiel; aber schließlich erinnerte sie sich an ihn. Und dann erzählte er ihr unter Tränen sein Bedauern über den vergeudeten Teil seines Lebens und flehte sie an, so sanft wie möglich darüber nachzudenken, denn es war schließlich der arme gefallene Engel seiner unveränderlichen Liebe und Beständigkeit. Und weil sie ihren Enkel bei sich hatte und er sich einbildete, dass sein eigener Junge, wenn er überlebt hätte, zu etwas wie ihm herangewachsen wäre, bat er sie, ihn seine Stirn mit der Wange berühren und bestimmte Abschiedsworte sagen zu lassen."

Jemmys Stimme wurde leiser, als es soweit war, und Tränen füllten meine Augen und die des Majors.

„Du kleiner Zauberer" , sage ich , „wie hast du das alles herausgefunden?" Gehen Sie hinein und schreiben Sie es jedes Wort auf, denn es ist ein Wunder."

Was Jemmy tat, und ich habe es dir, meine Liebe, aus seinen Schriften wiederholt.

Dann nahm der Major meine Hand, küsste sie und sagte: „Liebste Frau, es ist uns allen gut gegangen."

„Ah Major", sage ich und trockne meine Augen, „wir hätten keine Angst haben müssen. Wir hätten es vielleicht wissen. Für eine strahlende Jugend ist Verrat keine Selbstverständlichkeit. aber Vertrauen und Mitleid, Liebe und Beständigkeit – das tun sie, Gott sei Dank!"